BEI GRIN MACHT SICH IHR WISSEN BEZAHLT

- Wir veröffentlichen Ihre Hausarbeit, Bachelor- und Masterarbeit

- Ihr eigenes eBook und Buch - weltweit in allen wichtigen Shops

- Verdienen Sie an jedem Verkauf

Jetzt bei www.GRIN.com hochladen und kostenlos publizieren

Erstellung eines individuellen Trainingsplans. Leistungsdiagnostik und Mesozyklus zur Förderung der Ausdauer

Bibliografische Information der Deutschen Nationalbibliothek:

Die Deutsche Nationalbibliothek verzeichnet diese Publikation in der Deutschen Nationalbibliografie; detaillierte bibliografische Daten sind im Internet über http://dnb.d-nb.de abrufbar.

ISBN: 9783389089156
Dieses Buch ist auch als E-Book erhältlich.

© GRIN Publishing GmbH
Trappentreustraße 1
80339 München

Alle Rechte vorbehalten

Druck und Bindung: Books on Demand GmbH, Norderstedt Germany
Gedruckt auf säurefreiem Papier aus verantwortungsvollen Quellen

Das vorliegende Werk wurde sorgfältig erarbeitet. Dennoch übernehmen Autoren und Verlag für die Richtigkeit von Angaben, Hinweisen, Links und Ratschlägen sowie eventuelle Druckfehler keine Haftung.

Das Buch bei GRIN: https://www.grin.com/document/1518002

Deutsche Hochschule für
Prävention und Gesundheitsmanagement
Hermann-Neuberger-Sportschule 3
66123 Saarbrücken

Hausarbeit

Studiengang	BFÖ
Studienmodul	Trainingslehre 2
Datum Präsenzphase (siehe Ergebnisdokumentation)	20.12.-22.12.2021
Aufgabe	Traininsplanung für ein Ausdauertraining

Inhaltsverzeichnis

1 DIAGNOSE 3

1.1 Allgemeine und biometrische Daten 3

1.2 Leistungsdiagnostik/Ausdauertestung 4

1.3 Gesundheits- und Leistungsstatus der Person 8

2 ZIELSETZUNG UND PROGNOSE 8

3 TRAININSPLANUNG MESOZYKLUS 9

3.1 Grobplanung Mesozyklus 9

3.2 Detailplanung Mesozyklus 9

3.3 Begründung zum Mesozyklus 12

4 LITERATURRECHERCHE 13

5 LITERATURVERZEICHNIS 15

6 ABBILDUNGS- UND TABELLENVERZEICHNIS 16

6.1 Abbildungsverzeichnis 16

6.2 Tabellenverzeichnis 16

1 Diagnose

In der nachfolgenden Tabelle (Tab. 1) werden die allgemeinen und biometrischen Daten einer Person aufgelistet. In einem Eingangsgespräch und mit unterschiedlichen Messverfahren werden die Daten erhoben.

1.1 Allgemeine und biometrische Daten

Tab. 1: Allgemeine und biometrische Daten (eigene Darstellung)

Angaben zur Person	Werte der Person
Alter	41 Jahre
Geschlecht	Weiblich
Körpergröße	169 cm
Körpergewicht	70 kg
Trainingsmotive	<ul><li>Leistungssteigerung beim wöchentlichen Joggen</li><li>Ökonomisierung der Herz-Kreislauf-Tätigkeit</li><li>Stressabbau</li></ul>
Berufliche Tätigkeit	Kauffrau für Bürokommunikation
Aktuelle sportliche Aktivitäten	Einmal in der Woche für 20 Minuten sanftes Joggen.
Frühere sportliche Aktivitäten	Einmal in der Woche für 20 Minuten sanftes Fahrrad fahren
Zeitlicher Verfügungsrahmen	Dreimal pro Woche je 60-80 Minuten
Orthopädische Probleme	Keine
Internistische Probleme	Keine
Ärztliche Behandlungen	Keine
Medikamente	Keine
Sonstige gesundheitliche Einschränkungen	Keine
Blutdruck	126/83 mmHg
Ruhepuls	73 Schläge pro Minute
Allgemeiner Gesundheitszustand	Sehr gut

Tab. 2: Blutdruckklassifikation der American Heart Association (modifiziert nach Mancia et al., Guidelines fort he management of arterial hypertension. S. 1286)

	Systolisch	Diastolisch
Optimaler Blutdruck	Unter 120 mmHg	Unter 80 mmHg

Normaler Blutdruck	Unter 130 mmHg	Unter 85 mmHg
Hochnormaler Blutdruck	130-139 mmHg	85-89 mmHg
Bluthochdruck Stufe 1	140-159 mmHg	90-99 mmHg
Bluthochdruck Stufe 2	160-179 mmHg	100-109 mmHg
Bluthochdruck Stufe 3	>180 mmHg	>110 mmHg

Tab. 3: Ruhepulsklassifikation der Normwerte nach der Deutschen Herzstiftung (2021) (eigene Darstellung)

Alter	Ruhepuls
Neugeborene Babys	120 bis 140 Schläge pro Minute
Kleinkinder	100 bis 120 Schläge pro Minute
Ältere Kinder und Jugendliche	80 bis 100 Schläge pro Minute
Erwachsenenalter	60 bis 80 Schläge pro Minute (leichter Anstieg bei Senioren möglich)

Der Blutdruck der Probandin liegt bei 126/83 mmHg und ist somit im normalen Bereich. Der Ruhepuls liegt bei 73 Schlägen pro Minute, welcher sich als durchschnittlich beurteilen lässt.

1.2 Leistungsdiagnostik/Ausdauertestung

Nach der individuellen Positionierung der Probandin auf dem Fahrradergometer, absolvierte sie einen Ausdauertest. Das Fahrradergometer bietet sich sehr gut für Einsteiger an, da typische Fehlbilder hierbei sehr gering sind. Anhand des Terstergebnisses lässt sich somit die optimale Trainingsherzfrequenz für das gewünschte Ausdauertraining festlegen. Der Ausdauertest nach dem WHO-Schema und der Ausdauertest nach dem Hollmann & Venrath-Schema eignen sich hierbei hervorragend, da es sich bei den Tests um submaximale Stufentest handelt. Hierbei wird nicht bis zur maximal möglichen Leistung gearbeitet und die Erhöhung der zu bewältigenden Belastung erfolgt schrittweise. Der WHO-Test dient besonders zur Beurteilung der Herz-Kreislauf-Fähigkeit von leistungsschwachen Personen, wie die Probandin, da die Belastung nur langsam erhöht wird. Die Eingangsbelastung von 25 Watt, wird alle zwei minuten die Belastung um 25 Watt gesteigert. Zudem wird nach jeder minute die Herzfregeunz gemessen und in ein Protokoll eingetragen. Bis zum Erreichen der definierten Pulsobergrenze, wird die Wattleistung gesteigert. Danach wird die bislang erreichte Belastungsstufe bis zum Ende durchfahren und der Test wird beendet. Die zuletzt durchgefahrene Belastungsstufe bei Erreichen der Pulsobergrenze, dient als Testgröße. Anschließend wird die gefahrene Wattleistung mit den Normwerten verglichen. Das Belastungsschema nach Hollmann & Venrath unterscheidet sich hinsichtlich der Stufendauer und der Belastungssteigerung. Die Stufendauer beträgt 3 Minuten. Die Belastungsstegerung liegt bei 40 Watt. Die Zielgruppe liegt daher eher bei durchschnittlich bis gut trainierte Personen. Beginnend mit einer Eingangsbelastung von 30 Watt, wird alle drei Minuten die Belastung um 40 Watt gesteigert. Auch hierbei wird nach jeder Minute die Herzfrequenz gemessen und im Protokoll festgehalten. Gleichermaßen wird die Wattleistung so lange gesteigert bis die Pulsobergrenze erreicht wurde. Die Trittfrequenz liegt bei ca. 60-80 Umdrehungen pro Minute bei beiden Tests.

Mit der Probandin wird der WHO-Test durchgeführt, da sie nur geringe Erfahrung im Ausdauertraining besitzt. Zu Beginn erfolgt eine Voreinstufung der Probandin mit ihrem Alter, Geschlecht, Trainingszustand und dem Ruhepuls.

Tab. 4: Voreinstufung nach Ruhefrequenz und Lebensalter (modifiziert nach Trunz, 2001; IPN, 2004, S. 4)

RHF/ Lebenslater	< 20	20-29	30-39	40-49	50-59	60-69	>70
< 50	140 S/min	135 S/min	130 S/min	125 S/min	115 S/min	110 S/min	105 S/min
50-59	145 S/min	140 S/min	135 S/min	125 S/min	120 S/min	115 S/min	110 S/min
60-69	145 S/min	145 S/min	135 S/min	130 S/min	125 S/min	120 S/min	115 S/min
70-79	150 S/min	145 S/min	140 S/min	135 S/min	130 S/min	125 S/min	120 S/min
80-89	155 S/min	150 S/min	145 S/min	140 S/min	135 S/min	125 S/min	125 S/min
> 90	160 S/min	155 S/min	150 S/min	145 S/min	135 S/min	130 S/min	125 S/min

Tab. 5: Voreinstufung unter zusätzlicher Berücksichtigung der Trainingshäufigkeit ausdauerrelevanter Aktivitäten (modifiziert nach Trunz, 2001; IPN, 2004, S. 4)

Trainingszustand	Trainingshäufigkeit / Woche	Stunden /Woche	Pulsaufschlag
Kein Ausdauertraining	Kein einziges Mal	0 Stunden	Kein Aufschlag
Wenig Ausdauertraining	1-2-mal	≤ 1 Stunde	Kein Aufschlag
Moderates Ausdauertraining	2-3-mal	1-2 Stunden	Plus 5 S/min
Viel Ausdauertraining	3-4-mal	2-4 Stunden	Plus 10 S/min
Sehr viel Ausdautraining	> 4-mal	> 4-mal	Plus 15 S/min

Für die Probandin ergibt sich nach Tab. 4 und Tab. 5 eine Zielherzfrequenz von 135 Schläge pro Minute. Da sie nur eine geringe Trainingshäufigkeit ausdauerrelevanter Aktivitäten vorweist, muss kein Pulsaufschlag berücksichtigt werden. Anschließend wird mit diesem Wert der WHO-Test durchgeführt. Zur Bewertung wird die zuletzt vollständig durchgefahrene Wattstufe erhoben.

Tab. 6: Durchführung des Tests (eigene Darstellung)

Belastungsstufe	Zeit	Watt	Herzfrequenz nach der 1. Minute	Herzfrequenz nach der 2. Minute
1	2 min	25	113	115
2	4 min	50	118	121
3	6 min	75	124	127
4	8 min	100	131	133
5	10 min	125	135	-

Die Probandin hat vier Belastungsstufen vollständig durchfahren. Auf der fünften Belastungsstufe hat sie nach einer Testminute die Pulsobergrenze von 135 Schlägen pro Minute erreicht. Da die Zielherzfrequenz vor Ablauf der 2 Minuten Belastungsstufe erreicht ist, wird der Test beendet. Die Wattstufe wird anschließend zeitinterpoliert in die Wertung mit einberechnet. Die Hälfte von 25 Watt ergibt 12,5 Watt. Diese 12,5 Watt werden zu den anderen vollständig durchfahrenen Belastungsstufen von einer Wattzahl von 100 Watt dazugerechnet. Die Gesamtleistung liegt somit bei 112,5 Watt. Dividiert man diesen

Wert mit dem Körpergewicht der Probandin von 70 kg, errechnet sich daraus eine relative Watt-Soll-Leistung von 1,61 Watt/kg. Anschließend kann anhand einer Normtabelle der IPN ein Belastungsfaktor für das Ausdauertraining ermittelt werden.

Alter / Intensität	< 30	30-34	35-39	40-44	45-49	50-54	55-59	> 60	Bewertung
0,50	1,45	1,38	1,31	1,23	1,16	1,09	1,02	0,94	☹☹
0,51	1,50	1,43	1,35	1,28	1,20	1,13	1,05	0,98	☹☹
0,52	1,55	1,47	1,40	1,32	1,24	1,16	1,09	1,01	☹☹
0,53	1,60	1,52	1,44	1,36	1,28	1,20	1,12	1,04	☹☹
0,54	1,65	1,57	1,49	1,40	1,32	1,24	1,16	1,07	☹☹
0,55	1,70	1,62	1,53	1,45	1,36	1,28	1,19	1,11	☹
0,56	1,75	1,66	1,58	1,49	1,40	1,31	1,23	1,14	☹
0,57	1,80	1,71	1,62	1,53	1,44	1,35	1,26	1,17	☹
0,58	1,85	1,76	1,67	1,57	1,48	1,39	1,30	1,20	☹
0,59	1,90	1,81	1,71	1,62	1,52	1,43	1,33	1,24	☹
0,6	2,00	1,90	1,80	1,70	1,60	1,50	1,40	1,30	∅
0,61	2,20	2,09	1,98	1,87	1,76	1,65	1,54	1,43	∅
0,62	2,40	2,28	2,16	2,04	1,92	1,80	1,68	1,56	∅
0,63	2,60	2,47	2,34	2,21	2,08	1,95	1,82	1,69	☺
0,64	2,80	2,66	2,52	2,38	2,24	2,10	1,96	1,82	☺
0,65	3,00	2,85	2,70	2,55	2,40	2,25	2,10	1,95	☺
0,66	3,20	3,04	2,88	2,72	2,56	2,40	2,24	2,08	☺☺
0,67	3,40	3,23	3,06	2,89	2,72	2,55	2,38	2,21	☺☺
0,68	3,60	3,42	3,24	3,06	2,88	2,70	2,52	2,34	☺☺
0,69	3,80	3,61	3,42	3,23	3,04	2,85	2,66	2,47	☺☺
0,70	4,00	3,80	3,60	3,40	3,20	3,00	2,80	2,60	☺☺

Abb. 1: Normtabelle für submaximale Radergometertests – Relative Watt-Soll-Leistung (Watt pro kg) bei Frauen (modifiziert nach IPN, 2004, S. 8)

Anhand der erbrachten Leistung und der Vorgaben aus der Norm-Soll-Leistungstabelle, liegt die Ausdauerleistungsfähigkeit der Probandin im durchschnittlichen Bereich. Das Ergebnis ermöglicht neben der Beurteilung der Ausdauerleistungsfähigkeit auch die Ableitung von individuellen Trainingsempfehlungen. Es kann somit ein Belastungsfaktor von 0,61 ermittelt werden, welcher für die Errechnung nach der IPN-Methode der optimalen Herzfrequenz für das Ausdauertraining benötigt wird.

1.3 Gesundheits- und Leistungsstatus der Person

Es sind weder gesundheitliche Einschränkungen noch Beschwerden vorhanden. Nach der Normtabelle für submaximale Radergometertests nach IPN liegt die Probandin im durchschnittlichen Bereich. Dies lässt sich begründen, da sie früher und aktuell leichte ausdauerbezogene Aktivitäten ausgeübt hat und derzeit ausübt. Der Blutdruck sowie der Ruhepuls können als normal eingestuft werden, weshalb keine Beschränkungen in der Trainierbarkeit und der Belasbarkeit bestehen. Dennoch wäre ein Blutdruck im Bereich >120/>80 mmHg optimaler (vgl. Tab. 1). Diese Optimierung würde eine positive Wirkung auf das Herz-Kreislauf-System sowie die Ökonomisierung der körperlichen Leistungfähigkeit erzielen. Somit lässt sich ein Ausdauertraining für die Probandin gut planen.

2 Zielsetzung und Prognose

Durch das Eingangsgespräch mit der Probandin konnten die Ziele bestimmt werden.

Tab. 7: Biometrische und sportmotorische Ziele der Probandin (eigene Darstellung)

Inhalt	Ausmaß	Zeit
Hauptziel: Senkung des Blutdrucks	5-8 mmHg systolisch 5-8 mmHg diastolisch	3 Monate
Unterziel: Senkung des Blutdrucks	2-3 mmHg systolisch 2-3 mmHg diastolisch	1,5 Monate
Hauptziel: Senkung der Ruhefrequenz	3 Schläge pro Minute	1,5 Monate

Als Ziele werden die Senkung des Blutdrucks und die Senkung der Ruhefrequenz bestimmt. Die Werte des Blutdrucks und des Ruhepulses liegen im normalen Bereich, dennoch können diese optimiert werden. Dadurch soll eine Ökonomisierung des Herz-Kreislauf-Systems erlangt werden, welches das Trainingsmotiv der Probandin untermauert. Zusätzlich wurde ein Unterziel bei der Senkung des Blutdrucks festgelegt, um die Motivation der Probandin aufrecht zu erhalten.

3 Traininsplanung Mesozyklus

3.1 Grobplanung Mesozyklus

Ein Makrozyklus, bestehend aus vier Mesozyklen, wurde für die Trainingsplanung der Probandin erstellt. Die Dauer je Mesozyklus beträgt 6 Wochen. In Tab. 8 ist der vierte Mesozyklus dargestellt. In den vorherigen Mesozyklen erfolgt eine Gewöhnung an das regelmäßige Ausdauertraining, wobei das Training wöchentlich gesteigert wird. Es wird erst die Häufigkeit und dann der Umfang sowie die Intensität erhöht. Nach dem Trainieren der Grundlagenausdauer in den ersten Wochen, erfolgt eine intensive Dauermethode ab dem vierten Mesozyklus.

Tab. 8: Grobplanung Mesozyklus (eigene Darstellung)

	Mesozyklus 4
Dauer des Mesozyklus	6 Wochen
Trainingsziel	Verbesserung der Grundlagenausdauer Einstieg in die intensive Dauermethode
Belastungsumfang/Woche	2-3 Stunden
Trainingsmethoden	• Extensive Dauermethode • Variable Dauermethode • Intensive Dauermethode
Trainingsintensitäten	• 66-80% HF_{max} (Fahrradergometer) • 66-80% HF_{max} (Laufband)
Trainingshäufigkit pro Woche	2-3 mal pro Woche
Trainingsdauer für die Trainingseinheiten	• 30-75 Minuten (Fahrradergometer) • 35-35 Minuten (Laufband)
Ausdauertrainingsgeräte	• Fahrradergometer • Laufband

3.2 Detailplanung Mesozyklus

Die maximale Herzfrequenz ist die Grundlage zur Berechnung der Trainingsintensität. Als Faustformel wird die ACSM-Formel genommen. Demnach werden 220 Schläge pro Minute mit dem Lebensalter subtrahiert. (ACSM, 1998b, S. 975; Kindermann, 1987a, S.

244-268; Rost & Appell, 2001, S. 405; Schwarz, Urhausen & Kindermann, 2022, S. 293). So ergibt sich eine maximale Herzfrequenz von 179 Schläge pro Minute bei der Probandin. Aufgrund der geringen Muskelbeteiligung beim Radergometer liegt hierbei die maximale Herzfrequenz oft niedriger (Kindermann, 1987a, S. 244-268). Deshalb wird ein Wert von 200 Schlägen pro Minute mit dem Lebensalter verrechnet. Somit ergibt sich eine maximale Herzfrequenz von 159 Schlägen pro Minute auf dem Fahrradergometer.

Tab. 9: Mesozyklus (eigene Darstellung)

Woche 1	Montag	Mittwoch	Freitag	Woche 4	Montag	Mittwoch	Freitag
Trainingsziel	GA 1	Einstieg in Int. DM	GA 1	Tr.-Ziel	GA 1 / GA2	GA 2	GA 1
Tr.-Methode	Ext. DM	Int. DM	Ext. DM	Tr.-Methode	Var. DM	Int. DM	Ext. DM
Tr.-Intensität	60-70 % HFmax 95-111 S/min	75-77 % HFmax 119-122 S/min	60-70 % HFmax 107-125 S/min	Tr.-Intensität	Extensive Phase: 61-65% HFmax 97-103 S/min Intensive Phase: 75-78% HFmax 119-124 S/min	75-77 % HFmax 134-137 S/min	65-72 % HFmax 103-114 S/min
Tr.-Dauer	60 min	30 min	60 min	Tr.-Dauer	Pro Intervall: 5 min Gesamt: 45 min	60 min	45 min
Tr.-Gerät	Fahrrad	Fahrrad	Laufband (Walking)	Tr.-Gerät	Fahrrad	Laufband (Walking)	Fahrrad

Woche 2	Montag	Mittwoch	Freitag	Woche 5	Montag	Mittwoch	Freitag
Tr.-Ziel	GA 1 / GA 2	GA 1	GA 1	Tr.-Ziel	GA 2	GA 1	GA 1
Tr.-Methode	Var. DM	Ext. DM	Ext. DM	Tr.-Methode	Int. DM	Ext. DM	Ext. DM
Tr.-Intensität	Extensive Phase: 61-65% HFmax 109-116 S/min Intensive Phase: 75-78% HFmax 134-139 S/min	60-70 % HFmax 95-111 S/min	60-70 % HFmax 95-111 S/min	Tr.-Intensität	75-77 % HFmax 134-137 S/min	67-73 % HFmax 106-116 S/min	70-75 % HFmax 125-134S/min
Tr.-Dauer	Pro Intervall: 5 min Gesamt: 35 min	45 min	75 min	Tr.-Dauer	50 min	75 min	50 min
Tr.-Gerät	Laufband (Walking)	Fahrrad	Fahrrad	Tr.-Gerät	Laufband (Walking)	Fahrrad	Laufband (Walking)
Woche 3	Montag	Mittwoch	Freitag	Woche 6	Montag	Mittwoch	Freitag
Tr.-Ziel	GA 1	GA 2	GA 1	Tr.-Ziel	GA 2	GA 1	GA 2
Tr.-Methode	Ext. DM	Int. DM	Ext. DM	Tr.-Methode	Int. DM	Ext. DM	Int. DM
Tr.-Intensität	65-72% HFmax 103-114 S/min	75-78% HFmax 134-139 S/min	65-72% HFmax 103-114 S/min	Tr.-Intensität	75-80 % HFmax 119-127 S/min	70-75 % HFmax 125-134S/min	75-78% HFmax 134-139 S/min
Tr.-Dauer	75 min	45 min	60 min	Tr.-Dauer	55 min	75 min	50 min
Tr.-Gerät	Fahrrad	Laufband	Fahrrad	Tr.-Gerät	Fahrrad	Laufband (Walking)	Laufband (Walking)

		(Walking)					

3.3 Begründung zum Mesozyklus

Da die Probandin nicht viel Erfahrung im Ausdauertrianing ausweist, muss sie sich erst an die Belastung gewöhnen. Es ist sinnvoll eine Steigerung des Belastungsumfangs, einer Steigerung der Belastungsintensität, vorzuziehen, um langfristige Verbesserungen zu erzielen (Weineck, 2007, S. 47). Es erfolgt eine Steigerung des Belastungsumfang von der bisherigen einmaligen Einheit pro Woche auf drei Einheiten pro Woche mit einem Gesamtumfang von maximal 180 Minuen. Das GA1-Training stellt das Grundgerüst des wöchentlichen Trainingumfangs dar, da es ein wesentlicher Bestandteil bei dem Aufbau der Grundlagenausdauer ist. In den ersten Wochen wird die Grundlagenausdauer mit der extensiven Dauermethode stabilisiert und anschließend wird die Probandin an das GA2-Training mit der variablen Dauermethode herangeführt. Anschließend wird die intensive Dauermethode mit einbezogen. Eine Steigerung der aeroben Fähigkeiten wird durch die erhöhte Belastungsintensität ermöglicht, welche die Ziele der Probandin abdeckt. Ein Wechsel zwischen den verschiedenen Trainingsmethoden sorgt für Abwechslung, dennoch wird auf ein Intervalltraining verzichtet, da hierfür eine gute Grundlagenasudauer benötigt wird. Um eine Überforderung der Probandin zu vermeiden trainiert sie nicht öfter als drei Tage in der Woche. Somit kann ein Tag zur Regeneration zwischen den Trainingseinheiten dienen. Der Umfang ist in den ersten Wochen sehr niedrig, da sie sich zunächst auf das intensive Training vorbereiten muss. Anschließend folgt eine Steigerung der Intensität, da ab dem weiteren Zyklus ebenfalls mit gesteigerten Intensitäten werden muss. Dadurch können dann weitere Belastungssteigerungen entwickelt werden.

Das Fahrradergometer dient besonders gut zur Wahl der Trainingsgeräte, da typische Fehler leicht vermieden werden können und es eine weniger anspruchsvolle Belastung auf den Körper ausübt. Da die Probandin in früheren Zeiten in der Freizeit mit dem Fahrrad gefahren ist und es ihr zudem Freude bereitet, mit einem Fahrrad aktiv zu werden, dient das Trainingsgerät besonders zum Stressabbau, welches eines der Traininsmotive ist. Dennoch ist ein abwechslungsreiches Training wichtig, weshalb zusätzlich das Laufband ausgewählt wird. Es wird auf dem Laufband mehr Muskulatur aktiviert und Energie verbraucht. Nach Weineck (2007, S.50) ist ein Wechsel von verschiedenen Belastungen auch sehr wichtig, um langfristige Adaptionsprozesse erreichen zu können.

4 Literaturrecherche

Tab. 10: Dokumentation der ersten Studie zum Thema Auswirkungen des Ausdauertrainings bei Übergewicht/Adipositas (eigene Darstellung)

	Erste Studie
Autoren	N. Cvetković, E. Stojanović, N. Stojiljković, D. Nikolić, A. T. Scanlan, Z. Milanović
Erscheinungsjahr	2018
Forschungsfrage	Wie sind die Auswirkungen von Freizeitfußball und hochintensivem Intervalltraining (HIIT) auf die Körperzusammensetzung, die muskuläre Fitness und die kardiorespiratorische Fitness bei übergewichtigen und adipösen Kindern?
Versuchspersonen	Es nahmen zweiundvierzig übergewichtige/fettleibige Männer im Alter von 11-13 Jahren an der Studie teil.
Versuchsaufbau	Die Versuchspersonen wurden nach dem Zufallsprinzip einer Freizeitfußball-Trainingsgruppe, einer HIIT-Gruppe oder einer Kontrollgruppe ohne Training zugeteilt. Die Komponenten der körperlichen Fitness wurden zu Beginn und nach 12 Wochen Training zur gleichen Tageszeit und unter ähnlichen Bedingungen gemessen, einschließlich der Körperzusammensetzung, der muskulären Fitness und der kardiovaskulären Fitness.
Ergebnisse	Die magere Körpermasse und die Muskelmasse nahmen in der Freizeitfußballgruppe und in der HIIT-Gruppe zu. In der Kontrollgruppe wurden nur geringfügige Zunahmen der fettfreien Körpermasse und der Muskelmasse beobachtet. Erhebliche Unterschiede zwischen der Freizeitfußball- und der Kontrollgruppe wurden bei der Körpermasse nach dem Training und dem Body-Mass-Index festgestellt. Das Körperfett verringerte sich in der Freizeitfußballgruppe und in der HIIT-Gruppe,

	während die Kontrollgruppe nur eine geringfügige Verringerung aufwies. Steigerungen der Kraft im unteren Körperbereich zeigten sich in der Freizeitfußball- und der Kontrollgruppe, während in der HIIT-Gruppe geringe Verbesserungen beobachtet wurden. Verbesserungen der kardiovaskulären Fitness wurden in der Freizeitfußballgruppe und der HIIT-Gruppe festgestellt. Der diastolische Blutdruck sank in der Freizeitfußball und der HIIT-Gruppe, während es bei der Kontrollgruppe einen Anstieg gab.
Schlussfolgerungen	Freizeitfußball und HIIT führten zu Verbesserungen bei allen muskulären und kardiorespiratorischen Fitnesswerten. Im Gegensatz dazu nahmen in der Kontrollgruppe, die nur am Sportunterricht teilnahm, die Körpermasse, der BMI und die Fettmasse zu. Daher könnten zusätzliche Aktivitäten wie Freizeitfußball oder HIIT der Prävalenz von Übergewicht und Adipositas bei Kindern entgegenwirken.

Tab. 11: Dokumentation der zweiten Studie zum Thema Auswirkungen des Ausdauertrainings bei Übergewicht/Adipositas (eigene Darstellung)

	Zweite Studie
Autoren	Damian Skrypnik, Paweł Bogdański, Edyta Mądry, Joanna Karolkiewicz, Marzena Ratajczak, Jakub Kryściak, Danuta Pupek-Musialik, Jarosław Walkowiak
Erscheinungsjahr	2015
Forschungsfrage	Wie sind die Auswirkungen von Ausdauer- und Kraftausdauertraining auf die Körperzusammensetzung und die körperliche Leistungsfähigkeit bei Frauen mit abdominaler Adipositas?
Versuchspersonen	44 Frauen mit abdominaler Adipositas
Versuchsaufbau	Die Versuchspersonen wurden nach dem Zufallsprinzip in die Gruppen A und B eingeteilt und gebeten, 3 Monate lang dreimal pro Woche 60 Minuten lang Ausdauertraining (A) und

	Ausdauerkrafttraining (B) durchzuführen. Vor und nach dem Training wurden eine Dual-Energy-Röntgenabsorptiometrie und ein Graded Exercise Test durchgeführt.
Ergebnisse	Nach beiden Interventionstypen wurde ein signifikanter Rückgang der Körpermasse, des BMI, des Gesamtkörperfetts, der Gesamtkörperfettmasse sowie des Taillen- und Hüftumfangs beobachtet. In beiden Gruppen wurden Steigerungen der maximalen Sauerstoffaufnahme, der Zeit bis zur Erschöpfung, der maximalen Arbeitsleistung und der Arbeitsleistung an der ventilatorischen Schwelle von einer deutlichen Senkung der Ruheherzfrequenz, des systolischen Blutdrucks in der Ruhephase sowie des diastolischen Blutdrucks in der Ruhephase und bei Belastung begleitet. Bei den untersuchten Parametern wurden keine signifikanten Unterschiede zwischen den Gruppen festgestellt.
Schlussfolgerungen	Ein dreimonatiges Ausdauertraining sowie ein dreimonatiges Ausdauerkrafttraining erzielen eine vergleichbare Wirkung auf anthropometrische Parameter, Körperzusammensetzung, körperliche Leistungsfähigkeit und Funktion des Kreislaufsystems bei Frauen mit abdominaler Adipositas.

5 Literaturverzeichnis

American College of Sports Medicine. (1998b). The recommended quantity and quality of exercise for developing and maintaining cardiorespiratory and muscular fitness, and flexibility in healthy adults. *Medicine and science in sports and exercise, 30* (6), 975-991.

Cvetković, N., Stojanović, E., Stojiljković, N., et al. (2018). *Exercise training in overweight and obese children: Recreational football and high-intensity interval training provide similar benefits to physical fitness.* John Wiley & Sons Ltd.

Institut für Prävention und Nachsorge. (2004). *IPN-Test® - Ausdauertest für den Fitness-*

und Gesundheitssport. Köln: Institut für Prävention und Nachsorge (IPN).

Kindermann, W. (1987a). Ergometrie-Empfehlungen für die ärztliche Praxis. Deutsche *Zeitschrift für Sportmedizin, 38* (6), 244-268.

Mancia, G., Fagard, R., Narkiewicz, K., et al. (2013). 2013 ESH/ESC Guidelines fort he management of arterial hypertension. The task force fort he management of arterial hypertension oft he European Society of Hypertension (ESH) and of the European Society of Cardiology (ESC). *Journal of hypertension 31* (7), 1286

Rost, R. & Appell, H.-J. (Hrsg.). (2011). *Lehrbuch der Sportmedizin.* Köln: Deutscher Ärzte-Verlag.

Schwarz, M., Schwarz, L., Urhausen, A. & Kindermann, W. (2002). Walking. *Deutsche Zeitschrift für Sportmedizin, 49* (10), 315-317

Skrypnik D., Bogdański P., Mądry E., et al. (2015). *Effects of Endurance and Endurance Strength Training on Body Composition and Physical Capacity in Women with Abdominal Obesity.* Freiburg: S. Karger GmbH

Trunz, E. (2001). *IPN-Test® - Ausdauertest für den Fitness- und Gesundheitssport. Köln, Institut für Prävention und Nachsorge.* Köln

Weineck, J., (2007). *Optimales Training, 15. Auflage.* Bahlingen: Spitta

6 Abbildungs- und Tabellenverzeichnis

6.1 Abbildungsverzeichnis

Abb. 1: Normtabelle für submaximale Radergometertests – Relative Watt-Soll-Leistung (Watt pro kg) bei Frauen (modifiziert nach IPN, 2004, S. 8)................................. 7

6.2 Tabellenverzeichnis

Tab. 1: Allgemeine und biometrische Daten (eigene Darstellung)...........................1
Tab. 2: Blutdruckklassifikation der American Heart Association (modifiziert nach Mancia et al., 2013, Guidelines fort he management of arterial hypertension. S.1286)..........2

Tab. 3: Ruhepulsklassifikation der Normwerte nach der Deutschen Herzstiftung (2021) (eigene Darstellung)..4

Tab. 4: Voreinstufung nach Ruhefrequenz und Lebensalter (modifiziert nach Trunz, 2001; IPN, 2004, S. 4)...5

Tab. 5: Voreinstufung unter zusätzlicher Berücksichtigung der Trainingshäufigkeit ausdauerrelevanter Aktivitäten (modifiziert nach Trunz, 2001; IPN, 2004, S. 4)..............5

Tab. 6: Durchführung des Tests (eigene Darstellung)..6

Tab. 7: Biometrische und sportmotorische Ziele der Probandin (eigene Darstellung)......8

Tab. 8: Grobplanung Mesozyklus (eigene Darstellung)..9

Tab. 9: Mesozyklus (eigene Darstellung)...9

Tab. 10: Dokumentation der ersten Studie zum Thema Auswirkungen des Ausdauertrainings bei Übergewicht/Adipositas (eigene Darstellung)......................................12

Tab. 11: Dokumentation der zweiten Studie zum Thema Auswirkungen des Ausdauertrainings bei Übergewicht/Adipositas (eigene Darstellung)....................................13